LETTRES POLITIQUES

A. BARBAT DE BIGNICOURT

LETTRES POLITIQUES

IMPRIMERIE COOPÉRATIVE DE REIMS

(E. Gény, dir.)

24, Rue Pluche, 24.

1875

J'écris à des hommes de bonne foi et pour les hommes de bonne foi. Les autres ne sauraient jamais être convaincus. Je désire m'adresser successivement aux divers représentants des partis politiques dont la division fait aujourd'hui le malheur de mon pays. Je demande seulement à ceux que je vais essayer d'éclairer, d'interroger leur conscience, après m'avoir lu, et de bien peser ce qu'elle leur répondra.

L'Auteur.

Octobre 1875.

A un homme du centre gauche.

C'est vous, Monsieur, qui êtes sinon le plus coupable, du moins l'un de ceux qui assument en ce moment la plus lourde part de responsabilité, dans les malheurs de notre pays.

Etant donnée la situation faite à la France par les événements du 4 septembre et la chute honteuse de l'Empire, vous deviez vous dire, à Bordeaux, que la fameuse parole : « La France est centre gauche », était une phrase vide de sens et choisir hardiment — et loyalement — entre la Révolution pure, sous forme de République, et l'ordre assuré, sous forme de Monarchie. En vous isolant à la suite de M. Thiers, dont je conteste absolument le patriotisme dans le sens élevé du mot, et en vous faisant l'instrument, inconscient ou non, de ses visées ambitieuses, vous avez enlevé au parti de l'ordre un appoint important (car vous n'êtes ni révolutionnaire ni ennemi d'un gouvernement régulier), et vous avez caressé l'utopie de vouloir rétablir en France un pouvoir fort en dehors de principes fixes et en vous rangeant d'avance du côté des frondeurs. Les frondeurs sont aussi des ambitieux. C'est le péché

mignon des hommes de votre parti. Ces ambitieux
ne sont souvent que des vaniteux. Or, soit que
vous marchiez en ce moment derrière M. Casimir
Périer, M. Dufaure ou M. Christophle, — voire
même M. de Lavergne, — voyez où vous en êtes, et
dites-moi s'il n'eût pas mieux valu pour vous, et
surtout pour le pays, vous prononcer nettement,
dès les premiers jours de la réunion de l'Assemblée nationale, et vous ranger soit sous le drapeau
de M. Gambetta, soit sous celui de M. le comte de
Chambord ? Il est incontestable que l'un de ces
deux-là l'emportera, un jour ou l'autre. Il n'est
pas moins douteux que l'un représente l'ordre et
l'autre le désordre. En sacrifiant à de mesquines
considérations de personnes — car il n'était pas
alors question de drapeau — l'intérêt bien entendu du pays, vous avez encore perdu une occasion unique de régénérer la France, puisque vous
avez constitué dans le sein de l'Assemblée un parti
de plus, et que vous avez permis au bonapar-
tisme de reformer, d'un autre côté, ses batail-
lons.

En somme, quelles sont vos idées et à quelles
fins visez-vous ? Les aspirations de vos adversaires
politiques sont connues. Ils veulent Henri V, la
République, l'Empire, que sais-je encore ? Vous,
vous n'êtes pas capable — ni en mesure — de dé-
clarer nettement ce que vous désirez en matière
de gouvernement.

Je vous entends d'ici me répondre que vous
voulez un gouvernement libéral ; qu'au besoin
vous accepteriez la Monarchie comme la République ; mais qu'avant tout vous tenez aux libertés essentielles. Hélas ! vous avouerez que vous ne
les avez guère en ce moment, ces libertés, après
quatre ans de luttes, d'essais, de tergiversations,

d'équivoques et de capitulations de conscience ?
Chose plus curieuse encore, c'est vous, homme
prétendu de liberté, qui avez voté l'état de siége,
qui l'avez d'abord accordé à M. Thiers, et le main-
tenez sous le maréchal de Mac-Mahon ; c'est vous
qui acceptez la loi des maires, la situation faite
à la presse, le vote restreint pour les élections
au Sénat, etc. Quel Roi, je vous le demande, n'eût
pas mieux fait, avec de pareils moyens de gouvernement ?.. Et avez-vous bien encore le droit de
jeter à la face de la Monarchie légitime ces malheu-
reuses ordonnances tant reprochées à Charles X,
aux beaux temps où M. Thiers, dans le *National*,
jouait absolument le même rôle vis-à-vis de la
Monarchie — et avec la même bonne foi — que
M. Vacquerie aujourd'hui vis-à-vis du pouvoir
dans le *Rappel*? Qu'étaient ces ordonnances à
côté de ce que vous subissez aujourd'hui, et ne
subissez, d'ailleurs qu'en invoquant la nécessité
sociale ? Mais cette dernière, Charles X aussi, pro-
tégé par l'article 14 de la charte, n'avait-il pas le
droit de l'invoquer ?

C'est une amère plaisanterie, croyez-moi, que
de venir dire aux gens : « Je suis, avant tout,
libéral », et de faire ensuite si peu preuve de
libéralisme. Précurseurs des radicaux (et cela
depuis cinquante ans), passez à gauche, messieurs
les libéraux ou prétendus tels, si vous n'êtes pas
satisfaits de ce qui se passe ; mais ne restez pas
perchés, comme des oiseaux de mauvais augure,
sur cette branche du centre gauche qui, n'ayant
pas de centre de gravité, justement — si je puis
me permettre ce rapprochement — est à la fois
la négation de l'autorité et de la liberté.

Vos chefs, Monsieur, vous donnent l'exemple.
Ils opèrent vers la gauche, leur conversion nou-

velle. Dans quel intérêt? dans l'intérêt de leur seule ambition. M. Thiers et quelques-uns de ses satellites vont être portés, certainement, aux prochaines élections de sénateurs et de députés, sur les listes radicales. Ceci couvrira cela ; — comme votre nom à vous-même a couvert, aux élections de 1871, d'autres noms plus avancés que le vôtre. Le beau résultat ! si, finalement, vous êtes obligé, vous aussi, de faire non plus le demi-tour, mais le tour complet à gauche ! Vous croyez qu'on vous tiendra compte de ce sacrifice qui doit coûter à votre conscience d'honnête homme ? Non. On se servira de vous, on vous mettra ensuite de côté. Les nouvelles couches sociales de M. Gambetta sont là, qui veulent elles aussi leur place au soleil ; et qui sait si lui-même, un jour ou l'autre, ne sera pas trouvé trop modéré ? Il se dit homme d'ordre, en ce moment, et il a tort à vos yeux ; mais vous avez le même tort aux nôtres, et je ne vous accorde pas le droit non plus de vous dire homme d'ordre, du moment que vous ne faites pas œuvre d'homme d'ordre.

J'estime que ce jeune imprudent sorti du *Rat mort* a fait bien moins de mal à la France, toutes proportions gardées, pendant son court proconsulat, que vous autres et votre général en chef, M. Thiers, qui, depuis qu'il a l'âge de raison, dirige avec une habileté satanique ce parti des éternels frondeurs dont vous êtes, et réussit dans ses manœuvres au point de berner non seulement d'honnêtes gens comme vous, mais encore tout le parti conservateur. Cela ne s'est-il pas vu sous sa présidence, que j'appellerai avec raison fatale, et grâce à votre concours pernicieux, comparable selon moi à celui que donne le bouc au renard, dans la fameuse fable ?

Qui donc a peuplé de républicains, ou plutôt de fruits secs de tous les partis et de déclassés se disant tels, toutes nos administrations, de 1871 à 1873 ? M. Thiers.

Qui donc a mis en jeu ces petits moyens d'opposition à tout et à tous, — tant qu'il n'était pas au pouvoir — de 1825 à 1875 inclusivement ? M. Thiers.

Cet homme là est le mauvais génie de la France. Je l'ai dit ailleurs, je le répète. Je le disais au temps de sa grandeur, j'ai bien le droit de le répéter encore, maintenant qu'il devient, aux yeux de tous les gens de bonne foi, aussi petit, moralement, qu'il peut l'être physiquement. Mais vous, ses séides ou ses dupes, à votre choix, hommes du centre gauche, n'êtes-vous pas bien à blâmer et n'avez-vous pas votre part de responsabilité ?

M. Thiers est votre personnification. Le mal qu'a fait M. Thiers, vous l'avez aidé à le faire. Sans vous, il n'eut pu le faire. Vous êtes solidaires ; et si vous croyez, monsieur, que je ne préfère pas les républicains *purs* aux hommes de votre parti, vous vous trompez. Ceux-ci ont le courage de leur opinion et font du moins, au pouvoir qu'ils combattent, une opposition de principes. N'auriez-vous donc pas la même loyauté ? Pour qui vous battez-vous : pour la ligue ou pour le roi ? La ligue, c'est forcément, nécessairement, inévitablement, dans un délai plus ou moins loin, la république rouge, c'est-à-dire la commune radicale l'emportant et escaladant le pouvoir. Irez-vous jusque là ? non, n'est-ce pas ? Pourquoi donc alors aider ceux qui nous y mènent ?

Vous vous réservez ; vous ne vous livrez jamais. Est-ce bien honorable, est-ce patriotique, est-ce loyal ? Croyez-vous que le pays puisse être jamais sauvé, avant que, d'un côté, ne se soient placés tous ceux qui veulent la Monarchie, et de l'autre, tous ceux qui veulent la République ? Vous êtes forcé, ainsi, à toujours mentir, et cela répugne aux gens de cœur de mentir. Vous avez pu obtenir les suffrages des électeurs, en 1871, en leur disant que vous étiez un homme de liberté. Soit ; en France on aime encore plus le nom que la chose. Vous les leurriez puisque vous avez voté toutes les mesures de répression. Mais les tromperiez-vous encore ? j'en doute, car cette fois, — je parle des élections qui se préparent, — on voudra des hommes *surs* et aux yeux de la révolution vous n'êtes pas tels, vous hommes du centre gauche à qui l'on ne réserve guère que le sort des Girondins.

Savez-vous ce que vous avez apporté à la Chambre en y entrant ? une cause de division de plus. Vous n'y êtes pas même un parti et c'est à tort que je me suis servi plusieurs fois de ce nom en parlant de vous et des vôtres. Vous n'y formez que des coteries. Chaque coterie, dans votre bord, a sa nuance. Vous vous égrenez, vous vous divisez à l'infini. D'abord, vous vous appeliez : légion, — du moins à vous l'entendre dire, — et puis, petit à petit, à mesure que votre ambition et vos vanités se sont développées, vous êtes devenus des unités. Vous n'êtes plus maintenant le centre gauche, — vous êtes la nuance Thiers, l'opinion Christophle, le groupe Lavergne, le noyau Périer.

Et vous ne trouvez pas cela grotesque ? Je le trouve, moi, profondément triste. Dans des temps comme ceux que nous traversons, les hommes seuls qui ont la dignité d'eux mêmes et se sentent au cœur une volonté, doivent être acceptés pour tenter la grande régénération sociale. Il n'y a que les royalistes et les républicains qui soient logi-

ques à la Chambre, car lès bonapartistes ne sont
à mes yeux, comme aux yeux de tous ceux qui raisonnent, que des républicains déguisés, dont l'ob-
jectif est un César pour président et l'oppression
des citoyens pour résultat Que n'avez-vous la
froide résolution de tendre la main à M. Louis
Blanc ou bien à M. Lucien Brun ?

Voyez, je vous le répète, quel appoint vous
avez, sans le vouloir, apporté à la révolution, en
l'enlevant au parti de l'ordre. Si l'on vous eût
parlé, à Bordeaux, de l'union possible (avec votre
concours et sous votre égide) de M. Gambetta et
de M. Thiers, que n'eussiez-vous pas dit ? C'est
vous, monsieur, qui avez d'ailleurs rendu possible
la république de M. Thiers, — cette république innommée qui ne devait précéder hélas ! que de si
peu de temps cette autre que nous avons et que je
saurais encore moins qualifier...

A qui persuaderez-vous que si la *vraie* république eût été proclamée à Bordeaux, nous n'en
serions pas dès maintenant débarrassés ? Qui
oserait dire, en revanche, dans le parti de l'ordre,
que si la Monarchie traditionnelle eût été restaurée,
dès le premier jour, à Bordeaux également, la
France n'aurait pas repris, dès aujourd'hui, son
grand rang dans le monde ?

Ceci m'amène à m'adresser maintenant à l'un
de vos collègues du centre droit. Je ferai, de mes
observations, l'occasion d'une seconde lettre.

II.

A un homme du centre droit.

C'est bien à vous, Monsieur, qu'est échu le plus triste rôle dans la politique qui s'est faite, en France, depuis le jour de la réunion de l'Assemblée nationale à Bordeaux en 1871. Vous avez, à mes yeux, la responsabilité de tout le mal qui divise le grand parti de l'ordre, et cette responsabilité, vous devez la porter lourdement.

Je vous accuse de trois choses :
Vous avez détourné les princes d'Orléans de faire, dès le premier jour, une démarche qui devait tout sauver et qui n'a rien sauvé, justement, le 5 août 1873, parce qu'elle était faite deux années trop tard ;
Vous avez empêché la Monarchie de se faire à Salzbourg, parce que les chefs de votre parti, qui n'ont jamais voulu sincèrement qu'elle se fît, ont tendu alors un piége indigne à la loyauté bien connue du chef de la Maison de France ;
Vous avez enfin permis à la République de s'établir en la votant le 25 février, — oubliant que ce n'était pas assurément pour cela que les électeurs vous avaient envoyé à Bordeaux.

Il y a encore une chose que je vous reproche :

Au fond, et avant tout, vous êtes orléaniste. Eh bien, vous n'avez pas fait ce que tout serviteur dévoué d'une cause politique doit faire : Vous n'avez pas suivi vos princes.

M. le comte de Paris aura, devant le pays, un rôle que vous n'aurez pas. L'histoire lui accordera une part d'estime qui vous manquera. Il aura été dire au chef de sa race, ces paroles qu'on ne saurait trop méditer :

« Je salue en vous, au nom de tous les mem-
» bres de ma famille et en mon nom, non-seule-
» ment le chef de notre maison, mais encore le
» seul représentant des principes monarchiques
» en France. »

Et vous, vous n'aurez pas voulu saluer, dans les mêmes conditions, ce rare caractère de roi qui fait en ce moment encore l'admiration du monde. Il vous a effrayé par sa franchise. Il vous a fait craindre un Roi ennemi de toutes les petites intrigues que vous aimez. Il vous a paru, en un mot, trop grand, trop honnête, trop ROI, pour notre époque à petits cœurs, à petits caractères et à petite politique.

Savez vous bien qu'à la place de M. le comte de Paris j'aurais été cruellement blessé de votre manière de faire ? Eh ! quoi, il est le chef de la famille que vous dites aimer ; il accomplit une démarche que son cœur lui dicte et qui a dû certainement lui coûter, il fait, enfin, son devoir..... et c'est vous qui brûlez, dites-vous, de servir ce jeune prince, qui non-seulement ne le suivez pas, mais le blâmez !...

Ne dites pas que vous ne l'avez pas blâmé : je vous prouverais le contraire. Je vous citerais des conversations et des faits, — des écrits aussi. Il ne fallait voir, d'ailleurs, que la morne froideur avec laquelle on nous accueillait, nous autres royalistes, dans vos rangs, lorsque nous vous tendions les mains avec effusion en vous disant : « Tout est sauvé ! » pour comprendre que la démarche de votre prince vous avait causé plus de dépit que de joie.

« Il faudra voir », répondiez-vous. Et cette parole n'était pas bonne. Elle dénotait une arrière-pensée et un regret. Votre prince était redevenu Bourbon ; vous restiez, vous, orléaniste.

Laissez-moi vous raconter une anecdote. Elle prouvera que M. le comte de Paris lui-même appréhendait votre fâcheuse opposition. Cette anecdote, je la tiens d'une personne qui vivait alors dans l'intimité de Madame la comtesse de Paris. Cette personne avait eu quelquefois l'occasion d'entretenir le prince de cette question de *la fusion*, qui passionnait alors l'opinion. Tous les journaux royalistes en parlaient, sinon comme d'une chose faite, du moins comme d'une chose destinée à se faire. Un jour, cette personne crut le moment favorable pour faire observer très-respectueusement au prince que le vœu le plus ardent de tous les bons Français était là, et qu'à son sens le moment était venu pour lui de se rendre à Frohsdorff.

« Je ferai cela un jour ou l'autre, dit le comte de Paris, après quelques instants d'hésitation, mais mes partisans ne me suivront pas..... »

Comment appelle-t-on, Monsieur, des « partisans » qui ne suivent pas leur prince ? Pourquoi n'avez-vous pas alors suivi le vôtre ? Pourquoi, au lieu de battre des mains à cette réconciliation qui devait amener la régénération du pays, avez-vous déploré cette visite ? Pourquoi, au lieu de ne parler alors que de ce qui devait rapprocher, n'avez-

2

vous ouvert la bouche — dans vos journaux, dans
dans vos salons, dans vos cercles — que pour
n'entretenir l'opinion que de ce qui pouvait diviser ?

Ceci m'amène à parler de la question du drapeau, la seule, aux yeux du vulgaire, qui ait empêché la Monarchie de se faire, alors que vous
savez très-bien — et que je n'ignore pas plus que
vous — que cette question fut un prétexte cachant la
demande formelle d'abdication qu'on n'osait pas
faire tout haut, mais qu'on avait formulée tout bas.

Le drapeau ! Mais lorsque M. le comte de Paris
fit sa visite à Frohsdorff, il savait apparemment
que M. le comte de Chambord avait énoncé ses
idées sur ce point ? Le Manifeste de Chambord
était connu ; le programme royal aussi. Du moment que le chef de la Maison de France ne voulait pas être « le roi de la Révolution », il était à
présumer qu'il ne reviendrait pas sur une parole
royale qui l'engageait devant l'histoire. Une fois
sur le trône, reconnu roi, devant les représentants du pays, il lui eût été facile de proposer la
« solution » qu'il s'était fait fort, devant M. Ches-
nelong, de faire accepter à la France. Mais, en lui
demandant d'avance l'abandon de son programme
royal, ne devait-on pas craindre de le rendre im-
puissant le jour même où l'on se jetait dans ses
bras en lui disant : « Nous avons besoin des principes que vous représentez ; sauvez le pays !... »
C'est ce qu'avait dû comprendre M. le comte de
Paris, c'est ce que vous n'avez pas compris, vous,
Monsieur, qui n'avez jamais voulu reconnaître que
cette date : 1830, n'avait pas de sens, ou qu'elle
signifiait ceci : Révolution.

M. le comte de Paris fit-il la moindre réserve à
Frohsdorff ? non. Il avait compris, et les princes

de sa famille avec lui (car sa démarche certainement avait du être méditée, réfléchie, discutée — au
point de n'avoir pu se faire que deux années trop
tard, je le répète) ; il avait compris, dis-je, que la
réconciliation devait être entière, au risque de
n'être pas, et que du moment que c'était un
roi qu'il allait saluer à Frohsdorff, il devait d'a-
vance s'incliner devant le programme, quel fut-il
— et ce programme lui était connu — de ce Roi.

Je vous entends me dire que le pays n'aurait
jamais accepté le drapeau blanc ; que le trône à
peine restauré eût été renversé ; que l'armée n'eût
pas marché?... Allons donc! est-ce à vous,
homme politique, à tenir sérieusement ce langage, et ne savez-vous pas que l'enthousiasme
eût été universel, dans tous les rangs du parti de
l'ordre, si la Monarchie se fût faite, en 1873, dans
les conditions du programme de Chambord ?

Pour qu'elle se fît, Monsieur, il fallait qu'au lieu
de la discréditer d'avance et d'exploiter contre elle
de vieux préjugés qui ne conviennent guère qu'à
l'ignorance et à la mauvaise foi, vous vous mis-
siez à la tête de ceux qui disaient très-haut :
Vive le Roi! Vous aviez mission pour cela — de
par la parole de vos princes — et vous deviez aller
dire partout : M. le comte de Chambord est le chef
de la Maison de France ; hors de lui pas d'hérédité ; sans hérédité pas de Monarchie.
Si vous aviez tenu ce langage dans tous les mi-
lieux où s'exerce votre influence, — alors encore
grande, aujourd'hui si faible, depuis votre malheureux vote du 25 février, — vous auriez, croyez-
moi, rassuré bien des gens et surtout vous auriez
empêché un grand mal de se faire : le mal qui ré-
sulte des commérages et des insinuations perfides.
Les déclarations de M. le comte de Chambord

étaient connues. Il fallait leur donner le vrai sens qui leur appartient. Vous savez très-bien qu'il eût été un roi très-libéral dans la véritable acception du mot — et que votre opposition à son retour a été une opposition de rancune Vous ne pardonnez pas au parti royaliste d'avoir eu raison contre vous et d'avoir dit que 1848, engendré par la révolution de 1830, engendrerait bien d'autres crises. Vous êtes encore de ceux qui croient à la possibilité du régime de 1830, uniquement représenté par les classes moyennes. Vous n'avez qu'un but : réorganiser leur avènement. Dites que vous faites cela, que vous le désirez, je le comprendrai ; mais ne dites pas que M. le comte de Chambord, qui a déclaré, lui, vouloir être le roi de tout le monde, sans distinction de classes, n'admet pas les idées modernes, veut le gouvernement personnel et entend restaurer le passé — toutes billevesées dont, permettez-moi de vous le dire, vous ne croyez pas, personnellement, le premier mot.

En somme, vous n'avez pas voulu que le pays comprît M. le comte de Chambord. Si clair et si beau qu'ait été son langage, encore fallait-il l'expliquer et ne pas l'entourer de commentaires hostiles. Ce qu'il disait se résumait en ceci, et ceux qui sont allés à Salzbourg le savent bien.

« Ou je suis le Roi, — et c'est à ce titre qu'ayant besoin de moi et de mon principe, on vient me trouver ; ou je ne suis rien qu'un Français comme les autres. Comme Roi, j'ai un devoir, une mission à remplir. Il s'agit d'arracher le pays aux idées de révolution qui, sous prétexte de libéralisme mal entendu, le mènent aux abîmes. Ou l'on me mettra à même d'essayer l'application de mon programme, ou je crois inutile de tenter la cure de mon pays malade. Qu'on me place en face des représentants de la France — non pas comme simple particulier encore une fois, mais comme Roi — et l'on verra ce que je suis disposé à faire. A quel titre, loin de la France et sans la France, moi qui ne suis rien, je l'ai dit, en dehors du principe que je représente, pourrais-je prendre d'avance des engagements constitutionnels ? A quel titre surtout ceux qui, d'avance aussi, prétendent me les imposer avant de m'avoir reconnu comme Roi, me font-ils cette injure de me demander des garanties? »

Voilà, Monsieur, ce qu'il fallait dire à ceux qui, de bonne foi peut-être et par simple ignorance de la situation, traitaient M. le comte de Chambord d'entêté et d'homme à parti pris. Vous n'aviez pas demandé de « garanties » à M. Thiers ; vous n'en avez pas non plus demandé au maréchal de Mac-Mahon : qu'aviez-vous besoin d'en demander au Roi de France, — l'honneur fait homme ? Après avoir essayé de son régime, n'eussiez-vous pas été libre de le renverser, au bout de quelques mois, comme vous avez fait de Charles X, si ce régime eût été trop sévère pour votre tempérament libéral, qui accepte aujourd'hui et depuis des années l'état de siége ?

Vous ne voyez pas encore quelle faute vous avez faite en votant la République le 25 février. Vous le verrez bientôt. Acculé, sans dignité, dans une impasse dont M. Gambetta occupe l'entrée, vous n'avez pas même la satisfaction de vous dire que votre conscience est satisfaite, car si elle parle — et elle doit parler — Dieu sait quels reproches elle vous adresse! Votre réélection est plus que compromise. Vous vous voyez en face de légitimistes, de républicains ou de bonapartistes, osant déployer leur drapeau, et vous ne pouvez montrer le vôtre. Tout cela n'est ni franc, ni français, —

et la République ne voulant pas de vous, vous aurez beau, maintenant, vous dire républicain, on ne vous croira pas.

Non, Monsieur, et si vous le permettez, je finirai cette trop longue lettre par un simple rapprochement.

Vous nous avez souvent reproché, à nous autres royalistes, d'avoir aidé, dans une certaine mesure, par notre persévérance ou par nos votes, au succès des républicains. Que n'auriez-vous pas dit si, il y a deux ans, alors que vous fuyiez la République comme la peste, nous l'avions votée, nous, en disant aux hommes de gauche : Voici notre main?

Quel *tolle* général une pareille conduite n'eût-elle pas soulevé dans vos rangs? En fait, notre manière d'agir eût été plus logique que la vôtre, puisque nous sommes des hommes de principes et que les républicains en ont un, tandis que vous, — n'en avez pas.

III.

A un Bonapartiste.

Votre parti, Monsieur, est en ce moment sous le coup d'une réprobation telle, qu'il y aurait mauvaise grâce à moi à venir renouveler ici toutes les attaques dont il est forcément l'objet. J'ai trop hautement combattu l'Empire, pendant qu'il était debout, pour ne pas avoir le droit de vous dire très-nettement, très-sincèrement, mon opinion sur un gouvernement et un système que je juge absolument les plus mauvais de tous, — j'entends de ceux qui peuvent durer, -- et qui, à mes yeux, ont tous les inconvénients de la forme monarchique et de la forme républicaine sans en avoir les avantages, si ce n'est dans une très-faible mesure.

J'écris sérieusement pour des gens sérieux, je n'entends pas leur parler avec l'injure ou la violence à la bouche.

Je vous plains très-positivement, Monsieur, d'appartenir à ce triste parti qui nous a valu la honte d'une troisième invasion et la perte de deux provinces. Je ne serai pas assez injuste, cependant, pour confondre dans la même condamnation tous ceux qui, à tort ou à raison, se disent vos amis. Il y a bonapartistes et bonapartistes. Les uns sont les demeurants de cette cause perdue avant d'être gagnée du 2 décembre 1851, qui recrutait ses soldats dans la partie la moins honnête de la France, — aussi bien dans les hautes classes sociales que dans les plus infimes, — et qui, après avoir applaudi aux tentatives de Strasbourg et de Boulogne, poussèrent le prince Louis-Napoléon à trahir la cause nationale, au grand détriment de son honneur. Les autres sont des hommes improprement appelés selon moi des hommes d'ordre, qui applaudirent ensuite, — le lendemain et quand la crise fut passée, — au Coup d'Etat, amnistiant le prince Louis d'avoir fait de l'ordre avec de la violence, tout comme ils avaient, dans une certaine mesure, approuvé Caussidière d'avoir fait, en 1848, de l'ordre avec du désordre.

La première de ces catégories de bonapartistes, composée de cette fine fleur d'aventuriers, de déclassés, de généraux ruinés, de conspirateurs cosmopolites, qu'on a nommés avec esprit « la petite Pologne », et de cette écume morale de la grande cité parisienne qu'on a qualifiée aussi de « grande Bohème », ne saurait obtenir de moi que les plus inflexibles sévérités. Ces hommes qui se remuent, s'agitent, se coalisent en vue de leur seule ambition à satisfaire ou de leur fortune à refaire ; ces conspirateurs de mauvais aloi, qui tentent de détourner l'armée de ses devoirs, qui risquent les coups de pistolet à bout portant ; ces décavés de la fortune qui, comme le général Hulot, de Balzac, ne connaissent plus l'honneur, — lequel ne saurait s'allier avec leurs vices ; ces grands immoraux du boulevard qui ne savent que trafiquer des consciences des autres, après avoir vendu la leur ; ces vicieux gantés qui, lorsque le balai marche, s'arrangent toujours pour être du côté du manche, ne sauraient m'inspirer que le plus profond dégoût et le mépris le plus complet. Ce sont eux qui ont valu à l'Empire de Napoléon III le surnom de Bas-Empire. En eux, rien n'est grand que leur audace. Ils ne sont ni loyaux, ni désintéressés, ni patriotes. Ce sont d'avides corbeaux qui se sont jetés, pendant dix-huit ans, sur notre malheureuse société. Il l'ont pervertie, blasée, annihilée. Ils en ont fait cette chose sans nom qui tenait ses assises à Compiègne, aux courses, dans les boudoirs et les alcôves interlopes. Ce sont les grands démoralisateurs de la France. Je les maudirais presque si je n'étais pas chrétien. Je ne leur parle pas.

Mais, à côté de ces bonapartistes-là, qui malheureusement ont encore une grande influence dans le parti, j'en vois d'autres comme vous, Monsieur, à qui je m'adresse avec d'autant plus de confiance que c'est un mobile avouable qui vous a jeté de ce côté, et que vous êtes, selon moi, dans une fausse voie dont il n'est pas impossible, je pense, de vous sortir. Vous êtes devenu bonapartiste pàrce que vous avez cru voir, dans cette opinion, une force à opposer à la Révolution, et que ce qui vous rapproche incontestablement le plus de nous, c'est votre haine de la Révolution.

Vous oubliez, hélas ! que ceux qui se dirent, avant vous, bonapartistes, ne sont que des hommes de révolution. Ouvrez l'histoire. Depuis le premier jusqu'au dernier jour, vous voyez vos princes et vos chefs se servir des révolutionnaires et se faire tels eux-mêmes. Tous les vieux Jacobins que Napoléon Ier couvrit de crachats, d'honneurs et de titres, étaient des révolutionnaires ; tous ces demeurants de 1830, que Napoléon III fit sénateurs, n'étaient rien autres que les membres des anciennes sociétés secrètes ; eux aussi étaient des révolutionnaires. Le prince Louis-Napoléon s'é-

tait vanté, un jour, de ce nom et de cette qualité. Si vous n'appelez pas actes révolutionnaires des actes comme les tentatives criminelles de Boulogne et de Strasbourg, — comme le Coup d'Etat surtout, — quel droit avez-vous de vous élever autant contre les hommes du 4 septembre, qui ne firent que reprendre, ce jour-là, sans coup férir, ce que Louis-Napoléon Bonaparte leur avait pris, à coups de fusil, le 2 décembre ? Eux du moins, — que je ne défends pas, je vous prie de le croire, — n'avaient pas charge d'empire, tandis que lui avait charge de république, ayant prêté ce grand serment : « En présence de Dieu, devant le peuple » français représenté par l'Assemblée nationale, » je jure de rester fidèle à la république démo-
» cratique et indivisible, et de remplir fidèlement » les devoirs que m'impose la Constitution. »

Ne dites donc pas que vous êtes bonapartiste parce que vous détestez, avant tout, la Révolution. Je vous prouve là, qu'en bon fils, vous devriez alors détester votre mère.

Raisonnons, si vous le voulez bien, et dites-moi si vous ne trouvez pas fondées mes appréhensions ?

Vous vous appelez, maintenant, le parti de l'appel au peuple. Pourquoi ? parce qu'au fond, vous avez honte de votre nom de bonapartiste, et que vous pensez plus facilement ainsi tromper les masses. Mais c'est une supercherie. Nul moins que vous — je parle de votre gouvernement — n'a aimé le peuple. Votre premier empereur s'en servait comme de chair à canon, et votre dernier le mitraillait comme bien vous savez ! Non, le peuple, pour vous, est un échelon sur lequel on monte pour arriver au pouvoir et procurer ensuite au pays cet ordre du sabre qui ne dure pas. Au fond vous vous souciez bien du peuple, — auquel votre dernier gouvernement a donné, dans un pur intérêt dynastique, ces lois sur les réunions publiques et sur les associations, qui ont tant aidé au développement du radicalisme actuel. Autant valait mettre des fusils entre des mains d'enfants! Vous vouliez avant tout qu'on parlât des libertés *graduelles*, — pour me servir de l'expression de M. de la Guéronnière, — que votre empereur donnait au peuple ; mais vous ne vous inquiétiez guère de savoir si vous ne mettiez pas aux mains de ce peuple le baril de poudre qui allait faire sauter la France !...

Mais admettons un instant que vous vous preniez au sérieux et que très-sérieusement, par amour pour le peuple, vous préconisiez, en tant que moyen de gouvernement à restaurer, l'appel au peuple. Qu'arriverait-il si, demain, ce système était mis en pratique? Voici le peuple consulté. Evidemment, en ce moment, si les dés ne sont pas pipés et si les urnes n'ont pas de ces doubles fonds qui sont une des légendes du dernier empire, le peuple dit hardiment : République. Au point où en sont les choses, avec la perturbation qui règne dans les idées et les esprits, avec l'absence d'unité dans les vues et les principes du parti conservateur, avec les piéges tendus partout, à gauche, à droite, au centre, à la simple honnêteté et à notre loyauté traditionnelle, il est incontestable que la République aurait la majorité, (comme il n'est pas douteux pour moi qu'elle l'aura, sinon très-forte aux élections du Sénat, du moins complète à celles qui enverront à Versailles la future Assemblée nationale, destinée si vite à se changer en Convention.)

L'accepterez-vous ? Oui, si vous êtes de bonne foi, puisque votre « appel au peuple » ne signifie rien s'il ne signifie pas pour le peuple le droit absolu, indéniable, indiscutable, d'accepter ou de refuser son gouvernement, de le changer quand il veut et de le remplacer par la première venue des républiques ou des autocraties.

Le peuple, au contraire, répond : Empire. Que direz-vous aux adversaires de ce pouvoir qui, six mois ou deux mois après invoqueront à leur tour le droit du peuple et demanderont qu'on en appelle de nouveau à sa souveraineté pour savoir s'il ne préfère pas à votre gouvernement, la République ou la Monarchie ?

Veuillez donc me dire franchement, et en toute sincérité, ce qui serait arrivé si, il y a six ans, des hommes se disant politiques étaient venus proposer à Napoléon III de consulter le peuple et de lui demander s'il voulait ou non la conservation de sa dynastie ? Comment les eût-on accueillis ? à coups de fusil, — et la meilleure preuve que j'en pourrais donner, c'est qu'au moment du plébiscite (qui ne mettait guère cependant la dynastie en jeu), on traita d'insensés, de révolutionnaires et de mauvais citoyens, ceux qui hasardèrent timidement un NON significatif.

Ceci est la condamnation de votre système. Le peuple se prononce contre vous, vous ne ratifiez pas ses arrêts. Que par aventure il se déclare en votre faveur, vous lui contestez ensuite le droit de revenir sur son choix. La belle situation que vous lui faites, sous prétexte d'en appeler à sa volonté ! et ne trouvez-vous pas qu'elle ressemble à celle des enfants qui, en jouant aux cartes, disent à leurs petits camarades : « Si je gagne, tu me paieras, mais si c'est moi qui perds, je ne te paierai pas. »

Notre système à nous est différent. Le peuple
s'est une fois prononcé et a délégué héréditaire-
ment le pouvoir à une famille. Il n'y a plus à
revenir sur cette décision. La représentation nationale peut avertir le roi de ses erreurs, mais
le principe même du gouvernement reste incontestable et incontesté. Le Roi est mort, vive le
Roi ! C'est une République déguisée que votre
empire, avec je ne sais quel président toujours
révocable. Ne dites pas que c'est une Monarchie.
Tout au plus serait-ce une Monarchie élective.
Voyez où cette dernière a conduit la Pologne.

Parlons de choses plus sérieuses. Dites-moi, je
vous prie, Monsieur, quels avantages vous trouvez
dans le système dit napoléonien, que vous ne trou-
veriez pas aussi et avec plus de raison dans la
Monarchie ? Vous êtes hommes d'ordre, affirmez-
vous ; vous voulez un gouvernement fort, — c'est
à cela que vous tenez le plus, avouez-le, et vous
feriez au besoin bon marché de toutes les libertés
du peuple, — eh bien ! la royauté vous donnerait
le pouvoir fort et encore la liberté en plus. Ne
gagneriez-vous pas au change ?

A un autre point de vue, j'estime que l'Europe
ne vous acceptera jamais : Elle accepterait Henri V.
Que dis-je, elle le subirait avec d'autant plus de
bonheur qu'elle verrait dans son retour le retour
de la France aux principes sains de toute société,
et à la véritable force gouvernementale ; — je parle
naturellement de l'Europe monarchique. Vous ne
pourriez tout au plus compter, vous, que sur l'Europe révolutionnaire ou plutôt révolutionnée par
la politique des « grandes agglomérations » de
votre dernier empereur : la Prusse et l'Italie. Le
bel avantage, en vérité !

L'Europe ne vous acceptera jamais parce que ce nom de Bonaparte rappelle à l'Europe ses défaites. Elle ne les a pas encore pardonnées. Vous êtes assez ami de l'ordre et de la paix pour reconnaître avec moi que les conquêtes du premier Empire, — qu'il a fallu toutes rendre, hélas ! — ne furent pas toujours justes. L'Europe ne les oubliera jamais, et répondrait à une nouvelle proclamation d'un système impérial par une nouvelle guerre, suivie bientôt d'une quatrième invasion. De ceci, ne doutez pas. Doutez-en d'autant moins que le nouvel Empire qui s'élèverait se ressentirait bien plus encore que ses aînés de l'influence révolutionnaire qui lui serait venue en aide. Il est évident pour moi, en effet, que si jamais vous réussissez, vous ne pourrez le faire qu'avec l'aide — et les conditions — du prince Napoléon, de ses anciens fidèles du Palais-Royal et de tout le cortége de ces hommes sans conscience, sans religion, sans honneur dont je parlais au début de ma lettre. Ils feront « la queue » du nouvel empereur, comme MM. Vermesch et Protot font la queue de M. Gambetta.

J'ai prononcé un mot qui me conduit, Monsieur, vers un autre ordre d'idées. J'ai dit que des hommes sans religion et sans conscience seraient surtout vos soutiens dans l'entreprise que vous semblez vouloir tenter. Je m'explique.

Nul homme n'a fait plus de mal à l'Eglise et à la Papauté que Napoléon III. Sans lui, sans ses faiblesses inexplicables d'abord, — et aujourd'hui trop expliquées, — pour les révolutionnaires d'Italie, le Pape serait encore ce qu'il était il y a vingt ans. On ne l'eût pas dépossédé, dépouillé. Garibaldi ne serait pas membre du municipe de Rome. Si vous croyez que les catholiques de vraie foi, qui forment encore la très-grande majorité en

France, pardonnent cela à vos amis, vous vous trompez. Comme Français, nous nous sommes d'abord vus humiliés à la pensée que la fille aînée de l'Eglise abandonnait l'Eglise, mais comme Français aussi nous avons surtout souffert de cette infernale politique qui, tout en ayant l'air de protéger l'Eglise, la frappait au cœur et allait causer sa ruine. Cette politique est résumée, Monsieur, dans ce dessin que publia, dès les premiers temps de la guerre d'Italie, un journal satirique anglais, et qui représente un faisceau de fusils soutenant mal un trône chancelant, sur lequel se laissent apercevoir les pieds de Pie IX. Un officier français, ressemblant à s'y méprendre à votre empereur, est là qui montre de son épée le faisceau d'armes et dit à demi-voix : « Je te prête mes fusils, mais c'est pour mieux te faire sauter ! »

Toute la politique de l'Empire vis-à-vis de l'Italie et de la religion est là, Monsieur, et nous ne pouvons l'oublier, nous autres catholiques, qui songeons que, politiquement, l'Empire nous a placés en face de l'Allemagne unie, et, religieusement, en face de toutes les iniquités qui ont pu s'accomplir en Italie depuis quinze ans.

Ce que je reproche à l'Empire, ce n'est pas tant Sedan et la perte, hélas ! si fatale de l'Alsace et de la Lorraine. On peut être malheureux à la guerre. Il serait injuste de rendre absolument responsable des malheurs d'un pays, sur les champs de bataille, un gouvernement même inconséquent, imprudent jusqu'à la folie et coupable, au premier chef, d'une trop grande prévoyance dynastique. Mais ce que je ne pardonne pas à l'Empire, c'est ce que vous ne devriez pas lui pardonner non plus, — vous homme d'ordre, ami de la religion, de la famille, de la morale, — c'est son révoltant égoïsme et son fatalisme. « Après moi le déluge ! » est un mot qui semble être écrit dans toutes les pages de l'his'oire de Napo'éon III. Le mal que le second Empire a fait moralement à la France m'est bien plus sensible que tout le reste. C'était un gouvernement de dégradés et de pervertis. Ne vous élevez pas contre ces mots; ils sont justes. Votre conscience vous le dit, comme la mienne me le répète à moi qui tiens une plume et ne voudrais pas souiller ma main, en traçant un jugement que je ne croirais pas juste. L'Empire a été une froide comédie. Comédie d'ordre, comédie de religion, comédie de progrès, comédie de bien-être, comédie de liberté. Hélas ! nous en savons quelque chose, nous autres royalistes, qui avons avant tout l'amour du pays et à qui on ne saurait guère contester ce mérite, puisqu'en général nous servons pour l'honneur. Il n'y a eu rien de sincère dans ces dix-huit années de gouvernement qu'un homme seul — à qui je souhaite que Dieu ait fait grâce — dirigeait avec la puissance indéniable que donne l'énergie et la volonté, mais dont le pouvoir devait crouler, comme un château de cartes, dans la boue et le sang, le jour où cet homme viendrait, non pas même à manquer, mais à faillir — ou mieux encore à faiblir.

Et vous espéreriez, Monsieur, que l'application de ce système serait de nouveau possible en France, avec « l'homme qui ne parlait jamais et mentait toujours » (parole de M. Villemain) en moins, et aussi avec les Morny, les Saint-Arnaud, les Billault, les Baroche, les Mocquard dans la tombe ?... Quelle erreur est la vôtre ! Je ne sais si beaucoup la partagent, mais vous me semblez avoir trop de connaissance pratique des événements et des hommes pour la garder bien longtemps.

IV.

A un Républicain.

Lorsque je réfléchis, Monsieur, à la somme de malheurs qu'a valu à notre pays ce seul mot : République, je me prends à me demander comment il peut se trouver encore des hommes pour vouloir cette forme de gouvernement, et comment il se rencontre tant de gens pour répéter le mot de M. Thiers — un grand républicain, celui-là ! — « La République est le gouvernement qui nous divise le moins. »

Avant tout (et pour prouver la justesse de cette parole d'habile homme qui voulait se réserver le temps de pêcher en eau trouble), permettez-moi de vous demander à quelle nuance du parti vous appartenez, car nous avons aujourd'hui des républicains de toutes les sortes, depuis le vrai républicain — le républicain par principe — comme M. Louis Blanc, jusqu'au républicain couleur de rose — le républicain ambassadeur — comme M. Target ; depuis le républicain socialiste, comme Proud'hon, jusqu'au républicain humanitaire, comme M. Jean Brunet ; depuis le républicain de barricades, comme M. Madier de Montjau, jusqu'au républicain que j'appellerai *légal*, comme M. Jules Grévy ; depuis le républicain de fantaisie — genre

About, Sarcey, Bethmont — jusqu'au républicain commis-voyageur — reflet Marcou ; depuis le républicain philosophe, comme M. Jules Simon, jusqu'au républicain de taverne, comme M. Gambetta ; depuis le républicain qui veut tout niveler jusqu'à celui qui, possédant, résiste; depuis le républicain cramoisi ou rouge, jusqu'au républicain bleu ou rose ; — car toutes ces espèces existent, nous les voyons se prélasser à Versailles sous l'aile de M. Thiers, qui a permis à plusieurs d'entre elles d'éclore et qui les couve toutes, en ce moment, du regard, comme ferait une poule de ses poussins. Nous assistons à leurs prouesses, à leur union aussi ; — que dis-je, ne voyons-nous pas des ducs leur faire des courbettes, et n'allons-nous pas bientôt les voir toutes s'entre-dévorer pour le plus grand bonheur du pays ?...

Mais trêve de plaisanteries. Si je parle ainsi, Monsieur, c'est qu'il est absolument nécessaire que je sache à quelle école républicaine vous appartenez, pour vous dire très-franchement mon opinion sur votre compte, et vous faire part de toutes les appréhensions que me cause votre prochaine arrivée aux affaires du pays.

Admettons que vous êtes un républicain sincère, un républicain de la veille, un républicain par principe, — un *pur* en un mot. Je vous salue alors et je m'incline. Vous pouvez être un utopiste, vous êtes un honnête homme. Vous pouvez avoir des idées qui, en matière sociale, religieuse ou morale, économique même, doivent mener la France aux abîmes: je le crois et je le crains, mais du moins vous avez le courage de votre opinion, vous montez sur la brèche, vous défendez vos principes, vous souffrez pour eux ; je puis vous tendre la main. Donnez-moi la vôtre ; nous nous ferons la guerre ensuite.

Ce que vous êtes, vous l'avez toujours été. Vous croyez que la vieille organisation sociale, en France, a fait son temps, vous voulez la changer. Vous combattez, pour cela, de toutes vos ardeurs de novateur et de patriote, — car je vous crois patriote, — et il n'est pas une heure de votre vie où vous n'ayez travaillé au triomphe de ces idées, qui sont pour vous des principes, presque des dogmes. C'est bien ; je ne saurais vous en vouloir, moi qui ne hais rien tant au monde que les palinodies et l'absence de caractère.

Mais si vous êtes un républicain de circonstance, si vous ne voyez, Monsieur, dans la République qu'un mât de cocagne destiné à vous aider, à vous hisser au faîte des positions que vous enviez (et que vous n'enviez tant, justement, que parce que vous voyez les autres les occuper), vous me permettrez de vous dire, avec une conviction que les vrais républicains eux-mêmes partageront, que vous ne me semblez pas en mesure de sortir la France de la terrible situation où elle est, et que vous m'inspirez la même terreur que le fusil mal chargé que je verrais placé entre des mains inhabiles, qui ne sauraient manquer de le laisser éclater.

Vous êtes de ceux-là, Monsieur, je le vois bien, et ce qui me le prouve, c'est que personne plus que vous ne redoute l'avènement réel des vrais républicains. Là où ils risqueraient leur vie, vous trembleriez de compromettre votre personne. Vous criez : Vive la République ! parce que ce mot sonne bien à l'oreille de ceux qui vous entourent, mais la République, en tant que gouvernement, n'a pas de plus grand ennemi que vous, justement parce que vous n'en voulez avoir que les avantages sans en souffrir les peines.

Ce que vous rêvez, c'est une monarchie déguisée en république, — une monarchie dans laquelle
ceux qui ont les places ne les auraient plus, et
où vous les auriez, vous. La vraie république des
austères et des *purs*, vous vous en souciez bien
en vérité! Vous n'en voulez pas. Vous ne savez
que trop que si l'utopie qu'elle couvre arrivait à
devenir une réalité, elle ne voudrait autour d'elle
que des intelligents, des dévoués, des honnêtes.
Vous n'êtes pas tout cela. Non! Vous êtes seulement la personnification de la haine et de la ja-
lousie sociales, entrevoyant les choses par le plus
petit bout de la plus petite de toutes les lorgnettes.
C'est M. X..., homme de monarchie, que vous combattez bien plus que la Monarchie elle-même. Il a
de l'instruction, il a surtout de l'éducation. Sa
femme est mieux élevée que la vôtre. Il appartient
à une classe sociale qui n'est pas celle où vous
êtes né. Il a un château, une voiture, que sais-je?
Voilà pourquoi vous lui en voulez, pourquoi vous
le combattez, pourquoi vous dites *raca* à la
Monarchie, tout en criant bravo! à la République.

Avouez que ce que je dis est juste et que vous
n'êtes pas plus républicain que cela?...

Mais, aigri comme vous êtes, Monsieur, contre
une société qui ne demanderait pas mieux que de
vous admettre dans son sein le jour où vous vous
y présenteriez à votre rang, — comme il convient
dans toute société vraiment organisée, — ne com-
prenez-vous pas (vous devriez le comprendre puisque le fait se produit journellement), ne compre-
nez-vous pas, dis-je, que la peine du talion est
là qui vous attend, et que, d'élections en élections,
pour ne parler que de cette pierre de touche de
l'esprit public en matière sociale et surtout en
temps de République, vous serez à votre tour

mis de côté ? Nous avons eu bien des votes depuis 1871 dans nos conseils municipaux. Qu'on voie, dans les villes surtout, quelle échelle on a descendue ?... C'est l'échelle républicaine, Monsieur. Elle exalte le chaudronnier au détriment du propriétaire ou du légiste

Vous me direz qu'un chaudronnier est tout aussi bon, pour faire les affaires d'une ville, qu'un avocat ou un notaire, de même qu'on disait à une autre époque que ces derniers étaient tout aussi bon à faire des députés qu'un propriétaire ou un commerçant ? Soit. Cependant la chaudronnerie , avouez-le, pousse moins que l'agriculture, l'industrie, le palais et l'étude, à la connaissance pratique des besoins d'un pays et d'une ville, et vous me permettrez de vous dire que cette soi-disant égalité d'aptitudes, devant les fonctions publiques, est une chimère.

Seriez-vous du petit nombre de ces hommes très-honnêtes, bons pères de famille, pas plus religieux qu'il ne faut, mais enfin respectueux des choses de la religion, qui sous prétexte que la Monarchie n'est plus *possible*, — un cliché que l'avenir se chargera bien de faire mentir, — que l'Empire est détestable, que la France est aux abois, se déclarent républicains, ou du moins déclarent accepter faute de mieux la République, et se rangent simplement, sans ostentation ni forfanterie, derrière vos chefs ? Hélas ! s'il en est ainsi, je vous plains, Monsieur, car votre honnêteté vous aura fait prendre une ligne que vous regretterez certainement, et qui doit, en ce moment, vous laisser bien anxieux.

Vous dites bien, à la vérité, que vous saurez vous arrêter à temps ; que vous ne vous laisserez pas entraîner ; que vous ne serez ni dupe, ni complice d'événements que nous redoutons et qui vous perdraient comme nous-mêmes. Ne nous égarons pas. Restons dans la réalité des choses. A la Chambre, vous vous trouvez encore nombreux, peut-être, pour tenir et tenir de bonne foi ce beau langage. Mais, dans le pays, combien êtes-vous? On vous a écrémés, vous les *modérés*, ou soi-disant tels, aux élections de 1871. Mais depuis? N'avez-vous pas derrière vous une nuée, — j'allais dire une meute, — de gens avides, à l'esprit aventureux et tapageur, qui veulent venir à la curée? Vous espérez les maintenir? Allons donc! L'exemple des élections partielles n'est-il pas là pour vous prouver qu'aux élections générales, tout ce qu'il y a de modéré, d'intelligent, d'un peu pratique dans le bord républicain sera mis de côté? — on se déchargera même d'une partie dans le Sénat pour avoir leurs places — et les autres, les arrivants des nouvelles couches sociales, seront seuls fêtés et admis.

Vos amis reconnaissent-ils un chef à la Chambre, dès maintenant? non; et tout empire divisé périra. Ceci est vrai, même en république. M. Gambetta, qui vous effrayait bien un peu, il y a trois ans, mais que vous acceptez comme général en chef, depuis qu'on a vu — ombre du grand Casimir tremblez! — M. Casimir Périer actuel mettre sa main dans sa main, n'a déjà plus la moindre autorité sur la vraie gauche; et celle-là, que vous le vouliez ou non, vous absorbera toujours. M. Grévy, M. Leblond, M. Senart, M. Jules Simon, vos dieux, vos modèles, que font-ils, que disent-ils, où en sont-ils?... Ah! le plus amer découragement s'empare certainement d'eux, à la pensée que des hommes comme M. Ordinaire auront dix fois plus d'influence dans les élections prochaines — qu'eux-mêmes,..

Soit, direz-vous, mais les hommes du centre gauche et du centre droit, qui viennent chaque jour à nous, feront contre-poids, et nous irons nous asseoir à côté d'eux pour constituer, s'il le faut, une droite républicaine. Ah! Monsieur, quelle illusion vous vous faites si vous vous figurez que beaucoup d'hommes du centre droit ou du centre gauche rentreront à la Chambre! Du reste, d'après ce qu'ils ont fait, il est facile d'augurer ce qu'ils feraient. Céder, toujours céder, voilà leur politique. Vous serez bien vite forcé de les imiter, avec d'autant plus de raison qu'on invoquera auprès de vous le salut de la sainte République, à laquelle vous vous serez voué.

Savez-vous ce qui vous arrivera? c'est que vous vous estimerez encore heureux, vous républicain modéré, de vous jeter dans les bras des *purs*, — les Madier de Montjau et les Louis Blanc, qui eux, du moins, raisonnent. Ils raisonneront si bien qu'ils vous entraîneront à voter les mesures les plus dangereuses et les plus subversives de toute société, au point de vue politique, économique et religieux. Vous vous gendarmerez ; on vous mettra dehors. Les *fauves* alors — les communards — arriveront après les *purs*, et vous viendrez dans quelque coin demander pardon à Dieu et aux hommes d'avoir pris part à l'établissement de la République.

V.

A un Légitimiste.

Vous ne me croiriez pas, Monsieur, si je vous disais que je vous trouve absolument sans reproche. Plusieurs de vos amis politiques ont le droit de se dire tels. La généralité doit s'accuser d'un manque d'énergie qui nous laisse à tous une part de responsabilité, vis-à-vis de l'opinion, dans les événements actuels.

Que n'étiez-vous du petit nombre de ces royalistes qui, dès le premier jour, avaient prévu ce qui arriverait si on se lançait dans la voie des concessions, et qui, aujourd'hui, justifiés sur tous les points, ne peuvent que gémir sur les destinées plus que jamais compromises du pays ! Vous étiez deux cent vingt à Bordeaux. Vous deviez faire la Monarchie avec d'autant plus de facilité que, sur les trois cents membres de la Chambre appartenant à d'autres nuances que la nuance républicaine, deux cents au moins en dehors de vous, n'auraient pas osé s'inscrire en faux contre elle.

C'est votre générosité qui vous a perdu. Vous croyez trop, Monsieur, dans votre parti — qui est le mien — à l'honnêteté des autres. Vous vous sentez incapable de tromper ; vous n'admettez pas qu'on vous trompe. On cherche en vain, sous ce rapport, à vous éclairer. Confiné dans votre loyauté traditionnelle, vous êtes convaincu que les autres ne travaillent jamais contre vous dans l'ombre.

C'est un grand malheur. La Providence vous avait remis de beaux atouts en main à Bordeaux. Vous n'avez pas voulu en profiter. Vous vous êtes laissé jouer par vos habiles adversaires, les hommes du centre droit et du centre gauche. Votre pire faute a été de vous en remettre du soin de diriger la marche des choses — même pendant un temps que vous jugiez devoir être court et qui a été long — à l'homme en qui vous deviez avoir le moins de confiance, M. Thiers. Autant valait pour le berger confier ses brebis au loup ! M. Thiers est l'ennemi-né de vos idées. Il se souvient trop bien du rôle joué par lui, avant et après 1830, pour ne pas avoir contre la légitimité une de ces haines qui ne finissent pas.

« Mon frère est prêt à tout oublier, disait un jour cette admirable princesse qui avait nom la duchesse de Parme, — c'était en 1850, — mais il y a trois personnes en France que, quoi qu'il arrive, il ne consentira jamais à recevoir... »

Et comme on lui demandait de les nommer :

« Laissez moi, dit-elle, ne vous indiquer que la première, M. Thiers... »

Non, Monsieur, l'homme qui a compté à Deutz, en 1832, les 500,000 fr. de la délation ne pardonnera jamais à la légitimité le mal qu'il lui a fait. Vous avez donc eu le plus grand tort, à Bordeaux, d'accepter pour pilote du navire déjà si éprouvé de la France l'homme en qui se personnifiait, dans ce qu'il a de plus complet, l'esprit de 1830 (cause de tous nos malheurs), l'homme qui avait dit un jour : « L'insurrection est le plus saint des devoirs ! »

Mieux valait tout autre homme du centre gauche ou même de la gauche. Un honnête républicain eût bien mieux fait votre affaire. Il ne vous eût pas du moins leurré de vaines et fallacieuses espérances. Toujours, d'ailleurs, les hommes d'un parti adverse sont plus indulgents pour les actes de leurs adversaires que les hommes de ce parti même. Jamais nos évêques, en France, n'ont eu à se louer d'un ministre des cultes comme de M. Jules Simon. Le maréchal de Mac-Mahon tolère des choses que n'aurait pas permises M. Grévy. Explique qui pourra cette anomalie ; elle existe. Elle existe si bien que c'est grâce à elle que nous voyons nos meilleurs amis politiques disposés à amnistier leurs adversaires, et jeter quelquefois les pierres les plus dures à leurs propres soutiens.

Que vous ont dit les hommes du centre droit à Bordeaux, pour mieux vous entourer dans leurs lacets ? Ceci.

« Nous sommes d'accord. L'Empire n'existant plus et le pays ne voulant pas de la République, — ses derniers votes le prouvent bien, — il ne nous reste plus qu'une chose à faire : proclamer la Monarchie. Mais, il n'est pas temps encore. Laissons les esprits se calmer et surtout le pays se reconnaître. Il faut que les Prussiens soient partis et que le territoire soit libre. Les princes d'Orléans ne demandent pas mieux que de se réconcilier avec leur cousin. Leur intérêt même leur conseille de le faire. Votez d'abord avec nous le rappel des lois d'exil qu'ils désirent par-dessus tout, et nous nous engageons à leur faire faire le voyage de Frohsdorff. »

Les hommes du centre gauche, de leur côté, vous disaient :

« M. Thiers est l'homme de la situation. Prenez-le pour président provisoire d'une république qui ne saurait être également que provisoire. Nous ne disons pas que nous aussi, nous ne ferons pas la Monarchie. Si votre prince est libéral, nous nous entendrons avec lui. Que craignez-vous? Si M. Thiers ne nous convient pas et marche dans des voies autres que celles que lui tracera l'Assemblée, ne serons-nous pas tous libres de le déposer? Il sera notre homme et sera bien forcé d'accepter nos lois. »

A cela, Monsieur, vous ne répondiez pas ce qu'il aurait fallu répondre, à savoir que la France ne pouvait pas attendre ; que les hommes du 4 septembre l'avaient déjà bien assez démoralisée, et qu'il vous fallait des garanties? On vous les eût données. La visite à Frohsdorff se fût faite séance tenante. Les lois d'exil étaient abrogées le lendemain. La paix signée, on proclamait Henri V ; — où n'en serait pas aujourd'hui la France ?...

On ne fit pas cela. Les hommes de la droite, — qui n'était pas, elle aussi, sans alliage, — eurent la faiblesse de ne pas écouter les conseils de leurs meilleurs guides. On vota le rappel des lois d'exil. On consolida le pouvoir de M. Thiers. On se livra à lui, pieds et poings liés. Bientôt ce dernier prit des airs de maître. Il se donna les gants de la libération du territoire. Il obtint le vote de la proposition Rivet. Il devint un potentat, pencha à gauche et, — finalement, — la France non républicaine de février 1871, put un jour se demander avec effroi comment il se faisait que tant de radicaux arrivaient à la Chambre, sous prétexte de la représenter et avec l'appui, détourné ou non, de M. Thiers, l'élu des modérés?

Ceci, Monsieur, m'amène à vous parler des fautes que vous avez commises dans les élections générales et partielles.

En 1871, lors du vote qui produisit la Chambre de Bordeaux, vous étiez, pour ainsi dire et dans beaucoup de départements, vous et vos amis, les maîtres et les arbitres du scrutin. On avait confiance en vous, dans le parti de l'ordre. Ce mot dit tout. Les listes, dites de conciliation, furent faites presque partout avec votre concours ou par vos soins. Les hommes de l'Empire étaient rentrés à cent pieds sous terre, et les hommes du centre droit ou du centre gauche, anciens orléanistes oubliés, n'avaient plus aucune influence.

Vous commençâtes par mettre sur vos listes les noms de plusieurs de ces hommes (poussés par ce sentiment généreux qui vous fait croire toujours à la probité politique des autres), et vous ne leur demandâtes aucunes garanties. Ils étaient tous, plus ou moins, des candidats évincés du dernier règne; ils lui avaient fait une opposition plus ou moins sérieuse; ils étaient en quelque sorte indiqués par leur situation; cela vous suffisait.

Ensuite, et sans même essayer de vous faire sur ces listes la part du lion, vous allâtes chercher pour les compléter, des hommes incolores, sans autre mérite à vos yeux que celui d'être des hommes d'ordre.

Ceux-ci devaient forcément subir à la Chambre, faute d'énergie et de fermeté de caractère, l'influence de plus habiles qu'eux; l'événement l'a bien prouvé.

Vous avez, en agissant ainsi, Monsieur, montré une fois de plus que les légitimistes étaient d'honnêtes gens, désintéressés, pleins d'abnégation, mais vous avez fait fausse route, permettez-moi de vous le dire,—et si le mot vous semble dur, je vous prierai simplement de vous retourner, de voir ce qui se passe, de considérer l'état des républicains et des orléanistes, voire même des bonapartistes, en 1871, et de comparer la situation qui leur est faite aujourd'hui à tous, sous le gouvernement du maréchal de Mac-Mahon (organisé, j'imagine, le 24 mai, pour un tout autre but), et de me dire ensuite si je me sers d'une expression impropre ?

Si du moins vous avez été dupe, vous n'avez pas été complice. Soit. Mais dans les élections partielles et à mesure que la maligne influence de M. Thiers et des orléanistes se faisait de plus en plus sentir, comment avez-vous pu vous laisser abuser au point d'être partout sacrifiés !

S'agissait-il de faire choix d'un candidat ? Sous prétexte qu'un royaliste « avait peu de chances, » vous étiez le premier à aller au-devant des concessions et des compromis. Vous penchiez en tous cas pour l'homme le plus effacé. Au dernier moment, vos adversaires faisaient surgir une candidature incolore (au fond thiériste), et vous croyiez avoir gagné la bataille, parce que trois fois sur quatre, le candidat radical ne passait... qu'à une faible majorité. La belle avance en vérité, et comme le résultat justifiait bien l'abandon apparent de vos principes !...

S'agissait-il d'un candidat franchement légitimiste, attachant sur son chapeau la fameuse étiquette : « C'est moi qui suis Guillot ? » Vous disiez d'abord : Bravo ! et puis, sur les représentations de MM. tels et tels, plus ou moins vos adversaires politiques, « que M. X... avait peu de chances (toujours), qu'un candidat moins tranché eût bien mieux convenu, que l'esprit des populations n'allait pas dans ce sens, etc., » vous vous en alliez partout, colportant tout bas des phrases comme celles-ci : « Certainement nous portons M. X..., et nous voudrions bien le voir arriver ; il a de l'énergie, il a du cœur... mais il n'a aucune chance..... »

Si vous pensez, Monsieur, que c'est avec de pareils moyens qu'on fait triompher une opinion, un candidat ou une cause, vous vous trompez. D'autant plus que beaucoup d'entre vous, par peur de voir arriver le candidat radical, votaient au dernier moment pour le faux-nez qu'on avait été découvrir sous forme de candidat libéral-républicain-conservateur dans je ne sais quel vieux carton de l'infidélité politique, et que le radical... n'en arrivait pas moins.

Je soutiens, Monsieur, que dans des moments de crise comme ceux que traverse la France, il n'y a pas de demi-mesures à prendre. Tous les compromis sont mauvais. Un radical n'est pas plus dangereux qu'un homme à opinions flottantes destiné à voter le lendemain avec la gauche et à devenir, sans le vouloir peut-être, radical lui-même. La fin est tout. Si l'on veut sortir la France de l'affreuse impasse où elle se débat, il ne faut pas d'atermoiements. La foi monarchique est là en face de la foi républicaine qui, malheureusement, de nos jours, est aussi la foi anti-religieuse et anti-sociale. C'est à prendre ou à laisser. Il faut choisir. Qu'ont fait tous les candidats thiéristes qui sont arrivés à la Chambre ? Ils ont passé à gauche. La gauche, si faible à Bordeaux, est forte aujourd'hui à Versailles. Quel plus grand argument pourrais-je invoquer à l'appui de mes dires ?

Alors que les républicains font une propagande

infernale en faveur de leurs idées, qu'on les voit partout créer et soutenir des journaux qui ne vivraient pas dix jours sans le secours de la caisse démocratique ; alors que les bonapartistes se remuent, eux aussi, et sèment l'or et l'argent — chacun emploie des moyens en rapport avec son tempérament — dans les faubourgs et les ateliers ; alors que les orléanistes (qui veulent sans doute compromettre davantage encore leurs princes en leur faisant jouer un rôle indigne d'eux), ont un journal à un sou qui perd plusieurs milliers de francs par jour, pour jeter plus de perturbation encore dans l'esprit de la malheureuse France affolée ; — que faites-vous, vous Monsieur, dans votre parti ? Vous attendez, vous espérez, vous avez foi en la Providence.

Soit. La Providence vous aide, c'est évident, et le dernier mot, je le crois fermement, sera pour vous, après la lutte désastreuse et terrible qui se prépare, lutte que beaucoup d'entre nous auront tout fait pour éviter, — mais qui enfin nous attend !... Est-ce une raison pour que je ne dise pas ici que dans le camp des royalistes comme ailleurs, tout le monde n'a pas fait son devoir ? J'ai déclaré que je parlais à des hommes de bonne foi : répondez, Monsieur.

Vous aviez cependant pour boussole un admirable prince. Lorsqu'on a l'honneur d'avoir un pareil guide, la ligne à suivre est toujours facile à garder, puisqu'elle est droite. Les moindres déviations en politique sont terribles. C'est bien sur ce terrain que les précipices sont profonds. En voulant se justifier de n'avoir pas fait son devoir, on arrive à blâmer ceux qui ont fait le leur.

Que voyons-nous aujourd'hui ? Des hommes qui

ne sont rien moins que républicains cherchant à faire les affaires de la France sous le couvert de la République, et essayant de se tromper les uns les autres, sans pouvoir certainement, — pas plus que les Augures de Rome, — se regarder sans rire.

Ces hommes ont entrepris une lutte impossible. Ils oublient que le mal dont la France est malade est un mal social bien plus encore qu'un mal politique. Ils cherchent à gagner du temps et comptent sur l'avenir pour ramener le gouvernement de leur choix ?... Ils oublient que le présent achève de démoraliser la France et de pervertir le peu de sens moral qui lui reste.

Hélas ! qu'ils le sachent bien, ils échoueront dans l'œuvre de Sysiphe qu'ils ont voulu entreprendre. Ne valait-il pas mieux, si nous devions passer par cette phase, voir les radicaux s'emparer de suite du gouvernement, au 24 mai, avec ou sans M. Thiers ? Nous serions déjà débarrassés d'eux, de leur République et de leurs utopies ! Ils ne seraient pas surtout organisés, en tant que parti, comme ils le sont aujourd'hui. Il est évident, maintenant, que le pouvoir leur appartiendra, dans un temps qui ne saurait être long.

Je l'ai dit souvent ; je le répète.

Ce malheur nous attend.

J'en donnerai les raisons dans une dernière lettre que j'adresserai : aux conservateurs.

VI.

Aux Conservateurs.

Qu'appelle-t-on au juste un conservateur ? Est-ce l'homme qui s'est intitulé tel sous tous les gouvernements qui se sont succédé en France depuis cinquante ans : sous la Restauration, sous le régime de Juillet, sous Cavaignac, sous le second Empire, sous M. Thiers — et qui, plus que jamais, prend cette qualification sous la République du maréchal de Mac-Mahon : l'homme de tous les régimes enfin ?

Si oui, ce conservateur-là, n'ayant jamais su rien conserver, doit nous être suspect d'avance, et je ne vois pas à quel titre il voudrait encore aujourd'hui sauver la société.

Le vrai conservateur ne serait-il pas beaucoup plutôt (à quelque système politique qu'il puisse appartenir) l'homme religieux, le père de famille, le propriétaire, le commerçant, le grand industriel qui, voulant « conserver » ce qui constitue à ses yeux la société, ses lois, ses principes essentiels, les doctrines morales, économiques sur lesquelles elle repose, se dit conservateur en vue, justement, d'arriver à cette fin ?

Si oui encore, comment ce conservateur-là ne reconnaît-il pas tout d'abord que celui qui veut la fin doit aussi vouloir les moyens, et qu'il ne *conservera* rien du tout — ni principes, ni gouvernement, ni morale — s'il s'en remet du soin de sauvegarder l'ordre social, auquel il tient tant, à ceux-là même qui, primitivement, l'ont sapé ?

Ici, il y a toute une généalogie à faire : celle des révolutionnaires. Elle sera moins longue assurément que celle que l'Eglise nous indique, à propos de la naissance du Sauveur ; mais elle sera certainement instructive. *Abraham autem genuit Isaac, Isaac autem genuit Jacob ;* — de même dirai-je, pour ne pas remonter plus haut : M. Thiers et les libéraux de la Restauration ont engendré M. Flocon et les révolutionnaires de 1848 ; ceux-ci, à leur tour, ont engendré, sous le second Empire, les Jules Simon et les Gambetta ; ceux-ci sont devenus finalement les pères des radicaux actuels qui, engendreront les communards !

Il semble, en vérité, conservateurs, que vous soyez condamnés à subir successivement tous les régimes que ces noms représentent, justement parce que pour rester ce que vous prétendez être, vous êtes obligés de descendre chaque fois un barreau de l'échelle révolutionnaire et que loin de rejeter cette échelle qui est mauvaise, vous vous obstinez à toujours vouloir vous en servir.

Vous espérez avoir raison de la Révolution, c'est elle, au contraire, qui vous absorbe.

Hélas ! vous ne la détruisez pas !

Rien n'est plus facile à prouver. Ecoutez un peu d'histoire contemporaine. Elle n'est pas édifiante ; puisse-t-elle être instructive !

Voici le premier Empire renversé. La France

agonise sous le genoux de fer de l'étranger amené par deux fois sur notre sol par les folies d'un despote qui ne comprenait les hommes que comme « chair à canon », et qui, s'il a fait de grandes choses, en a fait aussi d'abominables. Cet homme, Napoléon — si glorieux soit-il — a porté la ruine, l'incendie, la guerre et ses horreurs dans toutes les parties du monde. Il a voulu entreprendre l'injuste guerre d'Espagne. Il a été jusqu'en Russie. Il a fait geler nos soldats. Il a traîné le Pape à Savone. Il a fait fusiller le duc d'Enghien. Il a comprimé toutes les libertés. Il a blessé nos meilleurs alliés. Il a exaspéré l'Europe. La France, je le répète, est mourante.

Attendez, voici les Bourbons qui reviennent, et leur gouvernement réparateur restaure en quinze ans nos finances, nos armées, notre commerce, notre industrie, notre situation morale -- tout ce qui fait enfin la force et la grandeur d'une nation. Qui voyons-nous poindre à l'horizon politique? Ces prétendus libéraux de la gauche qui s'acharnent, dès le premier jour, contre ce gouvernement? Sont-ils seuls? non, ils ont avec eux les bonapartistes évincés du dernier règne.

Et, aujourd'hui, ce sont les fils et les petits-fils de ces libéraux et de ces bonapartistes de 1820, qui se disent « conservateurs!... »

Quelle force morale de pareils précédents donnent-ils à ces hommes. Comment n'entendent-ils pas la grande voix de l'opinion qui leur crie : Tu as fait à autrui ce que tu ne veux pas qu'il te fasse ; *Patere legem quam fecisti !*

Eh quoi ! voilà des hommes qui prêchent l'autorité, la morale, la religion, et ils ne sentent pas qu'on peut leur dire : Vous, vos pères, vos grands-pères, vous n'avez été occupés, il y a cinquante ans, qu'à saper tout cela ! Qui a ruiné le beau temple d'autorité ? C'est vous, ce sont les vô-tres. Faites au moins votre *meâ culpâ*. Non, vous trouvant au' pinacle, vous voulez « conserver » vos positions. Nous comprenons que vous le vouliez faire, mais ce que nous ne comprenons pas, c'est que vous ne vouliez pas laisser le droit aux aspi-rants des nouvelles couches sociales, en 1875, de faire ce que vous avez fait de 1815 à 1830. Ceux-ci entendent, comme vous, battre en brèche le gouvernement. Ils arriveront d'autant plus faci-lement à leurs fins, si vous n'y prenez garde, que vous déclarez vous-mêmes que ces gouvernements de circonstance, pourvu qu'ils assurent l'ordre, doivent être soutenus.

Mais reprenons notre cours d'histoire.

Voilà donc les ex-bonapartistes et les libéraux de la Restauration — unis alors, révolutionnaires tous deux — qui renversent le gouvernement lé-gitime. Pourquoi ? parce qu'armé de l'article 14 de la Charte, Charles X a cru devoir, dans un in-térêt public, prendre des mesures d'ordre qui, pour tout homme de bonne foi, ne sont rien, assurément, en comparaison de celles qu'on a été obligé de prendre depuis (dans un intérêt d'ordre public toujours, et avec l'article 14 de la Charte en moins), aussi bien sous Louis-Philippe que sous Cavaignac, et sous le second Empire ou la Présidence que maintenant ; n'avons-nous pas depuis cinq ans (et n'aurons-nous pas sans doute encore pendant longtemps) quarante de nos dépar-tements en état de siége !

Que se passe-t-il. Les bonapartistes sont bien-tôt mis de côté. Ils chantaient la *Parisienne* et la *Marseillaise*, on leur passait l'air de la reine Hor-tense. Ce sont les libéraux qui montent à l'assaut du pouvoir et des places. M. Thiers a élevé une colonne place de la Bastille à l'insurrection triomphante. Il a laissé piller l'Archevêché. Les pamphlets les plus odieux ont été répandus dans le peuple contre la royauté, contre la religion, contre les Bourbons. Ces souvenirs sont dans la mémoire de tous. A quel homme croyez-vous que les « conservateurs » vont s'adresser, à Bordeaux, en 1871, pour lui remettre en main les rênes du pouvoir ? je vous le donne en cent : à M. Thiers.

Est ce logique ?

Bien mieux, quels sont les plus fermes appuis de M. Thiers, à Bordeaux d'abord, à Versailles ensuite, — aux applaudissements des « conservateurs » toujours ? — les demeurants de cette triste époque de 1830 qu'on a nommé la comédie de quinze ans : M. Léon de Malleville, M. de Rémusat, M. Duvergier de Hauranne, tous les membres des anciennes sociétés secrètes, les carbonari, les francs-maçons, ceux qui, enfin, ont joué, sous la Restauration, le rôle que jouaient, sous le second Empire, vis-à-vis du pouvoir, les fameux Cinq, et le rôle que jouent aujourd'hui vis-à-vis de la République innommée du maréchal, MM. Naquet, Ordinaire, Barodet et autres républicains purs.

Est-ce compréhensible ?

Notez que je ne parle pas de M. Gambetta. Vous allez tout-à-l'heure comprendre pourquoi. Comme j'entrevois l'heure prochaine où les « conservateurs » le soutiendront, parce qu'il sera — à l'entendre — passé au rang de *modéré*, je me réserve de tirer de ce fait un argument de plus, en faveur de ma thèse qui est celle-ci : Les conservateurs, s'ils veulent faire acte de conservation sociale, ne doivent pas prendre pour défenseurs d'anciens révolutionnaires qui ne sauraient être de bons pilotes.

Hélas ! c'est justement le contraire qui arrive.

Reprenons encore notre cours d'histoire.

Le gouvernement de juillet, élevé sur les pavés, est tombé, à son tour, sur les mêmes pavés. On n'a même plus eu à faire autant de barricades. Personne n'a défendu ce gouvernement de *satisfaits* qui voulaient bien des places et des honneurs, sous un roi élu par eux, sans aucune espèce de droits, le 9 août, mais qui ne savaient pas mourir pour lui, — comme avaient fait les gardes-du-corps, en juillet 1830, pour leur vieux roi Charles X.

Que devaient faire alors les conservateurs ? Ils devaient évidemment se dire : Nous avons tué la poule aux œufs d'or, en renversant ou en laissant renverser en 1830 un gouvernement modèle, basé sur des principes que nous avons eu le tort de laisser violer. Il est évident que l'hérédité est une condition indispensable de la Monarchie. Nous avons fait fausse route. Réparons la faute que nous avons commise. Charles X a un héritier, le comte de Chambord, proclamons Henri V.

Comme ils se gardèrent bien d'agir ainsi !

D'abord ils acceptèrent la République, qu'ils acclamèrent, je crois, dix-sept fois — dix-sept fois de trop — sur les marches du Palais-Bourbon (amère ironie !). Et puis, ils s'en remirent aux hommes qui avaient organisé les banquets de 1848 du soin de faire marcher cette malheureuse République. On vit alors, au pinacle, sous la présidence du prince Louis, les Baroche, les Billault, tant d'autres qui, sous l'Empire, rampants et

plats, devaient obtenir des crachats, des sinécu-
res, voire même des statues !

Caussidière avait d'abord commencé par faire
de l'ordre avec du désordre. Les « conservateurs »
avaient approuvé. Cavaignac avait ensuite mi-
traillé le peuple de Paris en juin et supprimé
arbitrairement les journaux qui lui déplaisaient,
royalistes ou autres. Les « conservateurs » avaient
encore approuvé - toujours. La rue de Poitiers
se forma. Ce fut alors que les « conservateurs »
approuvèrent plus que jamais. Il y avait là tous
les éléments d'un insuccès certain, puisque tous
les hommes d'ordre, ou prétendus tels, qui se réu-
nissaient ainsi n'avaient pas en vue le même objec-
tif gouvernemental ; n'importe, il s'agissait de
faire de l'ordre, de *conserver* (quoi donc, grand
Dieu !) On se proclama sauveurs de la société.

On fit si bien de l'ordre, rue de Poitiers — vraie
tour de Babel politique où personne ne parlait la
même langue — qu'un beau matin on se réveilla
— c'était le 2 décembre — en plein Empire.

Vous croyez que les « conservateurs » protestè-
rent ? Allons donc ! Vous les connaissez peu. Ils
murmurèrent d'abord, s'indignèrent de la confis-
cation des biens d'Orléans, des arrestations en
masse, des procédés de MM. tels et tels ; — mais,
finalement, ils se dirent comme M. de Morny, que
du moment qu'il y avait un balai, il fallait être du
côté du manche, et vinrent presque tous, à genoux,
faire leur *mea culpa* devant l'homme qu'ils traitaient de fou la veille (époque de Strasbourg),
d'assassin l'avant-veille (époque de Boulogne et du
commandant Col-Puygelier), — et de pauvre d'esprit, toujours.

Ce fut donc à l'homme qui, aux trois dates que
je viens de rappeler, — Strasbourg, Boulogne et

Paris, le 2 décembre, — avait le plus donné les mains à la Révolution et à l'insurrection armée, à l'homme qui s'était joué impudemment de l'honneur de nos troupes en cherchant à les débaucher, — comme de son honneur à lui, en violant ses serments, — à l'homme qui avait frayé depuis l'enfance avec la Révolution cosmopolite, à l'ancien camarade de chambrée d'Orsini dans les Romagnes, que les « conservateurs » s'en remirent du soin de les sauver ; et quels ministres, quels sénateurs, quels ambassadeurs, quels conseillers d'Etat vit-on au pinacle, durant ces lamentables années du second Empire? tous les traîtres de 1825, tous les parjures de 1840, tous les pasquins de 1848, tous les opposants des trois derniers gouvernements !

De la pauvre République, il n'était plus question. L'Empire était fait. M. Baroche était ministre. M. Billaut avait une statue, — M. de Morny aussi ; — et M Rouher, oui, M. Rouher ne se souvenait plus même qu'il avait été président du club rouge de Riom en 1849 !

Revenons à l'histoire. Elle va devenir plus lugubre encore.

Hélas ! l'abominable politique italienne a porté ses fruits. Les gouvernements des ducs, le roi de Naples, Pie IX, sont renversés ou dépouillés. Le prince Napoléon a fait passer son corps d'armée sur le territoire neutre de la duchesse de Parme. Le droit des gens est violé. La foi des traités aussi. On abreuve Pie IX de déboires et de dégoût. Garibaldi va bientôt être plus maître à Rome que Victor-Emmanuel. La vérité, la justice, l'honneur se voilent la face.

Mais quels sont les coups de canon que nous

entendons du côté de l'Alsace? Ce sont les formidables canons prussiens qui jettent le fer et la flamme sur notre pauvre France. L'homme fatal qui croyait tant à son étoile a vu celle-ci pâlir. Il a rendu son épée à Sedan. La France, comme en 1814 et en 1815, agonise de nouveau. Nous voici pour la troisième fois envahis, toujours grâce à ce nom sinistre : Napoléon, qui a fait tant de mal à l'Europe et qui a fait encore plus de mal à la France. La politique « des grandes agglomérations » triomphe. Certain ministre n'a plus le cœur aussi léger — oh ! non !

Que va-t-il arriver? La guerre est finie. Nous avons perdu deux provinces, cinq milliards et un nombre incalculable d'hommes. Nous sommes à bas. Et pourquoi sommes-nous à bas ? parce que de révolution en révolution (ou plutôt de révolutionnaires en révolutionnaires devenus les conservateurs du lendemain), nous avons vu successivement la foi patriotique diminuer, le chef de l'Etat — le Roi, — ne plus être assimilé à la France, l'intérêt matériel remplacer l'intérêt moral, les principes d'indépendance ridicule proclamés à la place des vrais principes de liberté, la religion rejetée au second plan, si ce n'est villipendée ; l'instruction aux mains d'athées ; l'honneur méconnu ou méprisé, nos alliés perdus, notre prestige moral diminué!...
Tout cela saute aux yeux. Tout cela est vrai. Tout le monde est frappé de cela. La leçon assurément est terrible. On va en profiter, n'est-ce pas ? La France certainement se relèvera, parce qu'elle n'ignore plus maintenant qu'elle a un moyen de le faire : Revenir au point de départ et faire absolument le contraire de ce qu'elle a fait. Vous croyez que c'est ainsi qu'elle agira et

que les « conservateurs » l'y pousseront ? Hélas !
quelle erreur !

Et pourtant, conservateurs à qui je m'adresse,
dites-moi, la main sur le cœur, si vous n'étiez
pas tous d'accord, à Bordeaux, — sauf quelques
obstinés, — pour faire cette grande chose que
l'histoire eût appelé la Restauration monarchique,
mais que nous autres, royalistes, appelions d'a-
vance de ce beau nom : la Restauration de la
France ?...

Eh bien ! vous n'avez pas voulu faire cette
chose — et voyez où vous en êtes aujourd'hui.
Ecoutez-moi bien :

Vous avez été prendre, — je vous l'ai dit déjà,
— pour pilote, et cela au jour du plus grand
danger, l'homme en qui, justement, vous deviez
avoir le moins de confiance : M. Thiers. M. Thiers
vous a inondés, ou plutôt a inondé de révolutionnaires comme lui, — car M. Thiers est à mes
yeux le type le plus complet du révolutionnaire,
— toutes nos administrations, et il n'est pas un
de nos départements où il n'ait mis des gens à
son image, dont plusieurs ont été sacrifiés depuis,
mais dont beaucoup subsistent encore. Il a fait
de l'ordre, celui-là, avec du désordre, bien autrement que Caussidière. Sous prétexte de république modérée, conservatrice, libérale, que sais-je
encore, il a aidé à se produire la grande perturbation morale qui s'est emparée, en France, depuis trois ans, des esprits les plus droits. Il a
permis à l'idée républicaine, antipathique au pays,
de germer et de se développer, grâce aux préfets
et aux sous-préfets qu'il nous a octroyés, grâce
aux élections radicales ou pseudo-radicales qu'il
a, en dessous main, encouragées, grâce aussi à
la guerre incessante qu'il a laissé faire de son

temps aux vrais conservateurs de tous les principes d'ordre de la société — aux royalistes ! Il a peuplé nos conseils locaux de fanfarons de démocratie qui pervertissent, aujourd'hui encore, nos populations, en attendant que la république rouge en lasse des proconsuls et des membres des comités de salut public, ou l'Empire, —des sénateurs. Il a laissé s'introduire, dans l'esprit des masses, ce mauvais levain anti-social qui, sous le nom de démocratie encore, pénètre pour un temps dans les têtes les plus saines, et souvent dans les esprits les plus simples, pour produire quels résultats grand Dieu ! ceux que vous voyez, — et surtout que vous verrez.

Mais M. Thiers est-il le seul coupable ? Non ; vous aussi l'êtes, Messieurs les « conservateurs », — et beaucoup ! Vous avez prôné, soutenu, encouragé, admiré la politique de M. Thiers. Là où l'habile vieillard ne vous laissait voir que le dessus du panier, nous apercevions le fond, nous autres royalistes, et nous vous avons avertis, — mais inutilement, — et vous avez reconnu, trop tard, la légitimité de nos appréhensions. Le mal — un mal immense — était déjà fait, quand vous avez enfin battu des mains au renversement de M. Thiers ; et ce mal, un seul acte d'énergie pouvait le conjurer : La proclamation immédiate de la Monarchie.

Ce grand effort, l'avez-vous fait, ou avez-vous du moins encouragé ceux qui voulaient le faire ? Non. Vous vous êtes rappelés que vous étiez, qui des hommes du centre droit, qui des hommes du centre gauche, qui des hommes de l'Empire. Vous avez pris, ou du moins accepté pour chef, le maréchal de Mac-Mahon, et à celui-là aussi vous avez dit qu'il fallait « attendre » ; que la Monarchie ne pouvait pas « encore » revenir ; qu'il fallait

organiser un pouvoir « transitoire » ; et puis le
20 novembre est venu, après le malentendu
de Saltzbourg, — et avec lui le Septennat, la République plus que jamais transitoire, modérée, conservatrice de 1874, et finalement la constitution du
25 février, qu'eût signé des deux mains M. Thiers !

C'était bien la peine de le renvoyer pour en
arriver là !

Ceux d'entre vous qui, dès 1873, passaient à
gauche avaient donc vu plus clair que vous ?

Ils se trouvent donc justifiés ?

Vous vous êtes cruellement trompés. La nomi-
nation du maréchal de Mac-Mahon (qui n'a rien
de l'homme politique), voulait dire : Restauration,
ou ne voulait rien dire. J'ai expliqué dans mes
précédentes lettres pourquoi et comment la Monarchie ne s'était pas faite à ce moment. Je n'ai pas
besoin d'y revenir. Vous, Messieurs les conservateurs, qui trembliez si fort la veille du 24 mai,
devant ce seul mot : République, avez maintenant la chose. Et comment l'avez-vous ? par suite
d'un tour de force inouï, puisque les démocrates
que vous avez tant combattus déclaraient d'abord
être sans droits pour la constituer, et que c'est
vous qui, à l'aide d'un pouvoir qu'ils vous dé-
niaient, l'avez établie.

Pourquoi l'avez-vous ? parce que vous croyez
volontiers aux belles promesses du premier syco-
phante venu qui vous assure l'ordre dans la rue, et
que vous vous jetez toujours sans conditions dans
ses bras, tandis que vous n'avez pas voulu croire
à la parole du plus honnête homme du monde —
Henri V !

Ce sont vos amis, vos députés, vos guides —
votre essence même — qui ont fait la République,
avec une arrière-pensée aussi inavouable du côté

des orléanistes restés tels malgré leurs princes, que du côté des bonapartistes honteux, ou de celui des habiles du tiers-parti ou plutôt du parti de M. Thiers, en quête d'un nouveau pouvoir à exploiter et d'une nouvelle phase gouvernementale à traverser.

Eh bien ! ce nouveau pouvoir, cette nouvelle phase vous les aurez. Je ne crois rien dire ici de blessant pour le maréchal, en affirmant que, dans un délai qui ne sera pas très long et qui peut être très court, il sera forcé, malgré sa devise de soldat : *J'y suis, j'y reste*, de déposer le pouvoir. Le maréchal de Mac-Mahon est du bois dont on fait des royalistes et non pas des républicains. Je n'apprendrai rien à personne en disant ici que, politiquement, il n'est pas à la hauteur, évidemment, de finauds habiles et retors, comme tant de ceux dont les noms sont au bout de ma plume. Ce n'est pas une injure que j'adresse ici au maréchal ; bien loin de là, c'est un hommage.

Pour que son gouvernement ait pu durer, et se maintenir sur la corde raide du *statu quo*, et avec des hommes d'origine politique si différente que MM. Say, Buffet et de Meaux, il aurait fallu que la Chambre s'éternisât, pour ainsi dire, ou plutôt qu'elle limitât sa durée à la fin même des pouvoirs du maréchal. Alors, en ne faisant plus d'élections et en maintenant l'état de siége, les sept ans du maréchal — et de la Chambre — pouvaient *peut-être* être faits ?

Mais ce n'était pas l'avis de la gauche, et la gauche, en se prêtant au vote des lois constitutionnelles, savait trop bien ce qu'elle faisait. Ce qu'elle voulait avant tout, c'était la dissolution. Or, la dissolution, qui, même sans cela s'imposait, il y a un an, est devenue bien autrement nécessaire aujourd'hui, après le 25 février. La Chambre a vécu ;

elle est finie. En prolongeant maintenant son existence, elle ne gagnerait aucune force ; elle perdrait peut-être en considération. Ce sont vos chefs et vous-mêmes, Messieurs les conservateurs, qui allez être les victimes de la situation que vous avez faite — et elle est grave cette situation, nous ne saurions vous le dissimuler, nous autres qui, avec bien plus de raison que Pilate, avons le droit de nous laver les mains...

Qu'arrivera-t-il, en effet, aux élections qui se préparent? Je vais vous le dire ; il n'est pas besoin, pour cela, d'être prophète.

Je ne parle pas des élections au Sénat. Ce corps, si jamais il est appelé à fonctionner, est d'avance condamné, à mes yeux, à l'impuissance. On mettra là tous les gens dont, dans les différents partis de gouvernement, on ne veut plus. Le Sénat Wallon ne sauvera pas plus, le cas échéant, la constitution du même nom, que la Chambre des pairs ou le Sénat du dernier Empire n'ont sauvé Louis-Philippe ou Napoléon III.

Je ne veux pas dire du mal de la loi organique de ce Sénat, mais je ne suis pas seul à la trouver illogique. Elle est bizarre. A aucun point de vue elle ne saurait contenter personne. C'est une loi de transition, comme tout ce que nous avons aujourd'hui, à commencer par le gouvernement. Admettons que le Sénat soit bon, passable ou mauvais, ce sera, pour moi, absolument la même chose.

La grande bataille se livre donc le jour des élections générales à la nouvelle Chambre. Ces élections seront radicales ; ceci est aussi certain que deux et deux font quatre. Pourquoi seront-elles radicales? pour plusieurs raisons.

D'abord parce que le courant du jour — pour tous les motifs que j'ai dits — est républicain, et que, pour moi comme pour tous les esprits un peu clairvoyants, le mot : République, comporte un qualificatif, celui-ci : Radicalisme. Il serait insensé de supposer que les hommes intelligents du parti, ceux qui rêvent la réorganisation sociale sur de nouvelles bases et ceux qui ne flattent en ce moment autant les masses que pour arriver à ce résultat, voulussent se contenter d'une simple substitution d'une étiquette gouvernementale à une autre, et d'une république « monarchique », si je puis ainsi parler. Non, les Louis Blanc, les Madier de Montjau, les Jules Simon savent ce qu'ils veulent et ils le savent bien.

Ensuite parce que, grâce à ce courant républicain, de très honnêtes gens, dans les campagnes aussi bien que dans les villes, se disent, non sans quelque raison : La Monarchie, l'Empire, les régimes mixtes n'ont pas tenu, essayons donc de la République ! Les enseignements que ces hommes reçoivent par la mauvaise presse sont déplorables ; la haine sociale s'en mêle ; les petites rivalités locales aussi. Tout cela empêchera qu'une digue sûre puisse être opposée au torrent.

Enfin parce que toujours, Messieurs les conservateurs, vous serez là avec vos tergiversations, vos hésitations, votre manque d'énergie, votre refus de concours actif et personnel (s'il s'agit surtout d'un candidat royaliste), et que, forcément, les républicains *unis* l'emporteront toujours sur vous — *désunis*.

Je vous entends d'ici me dire que le scrutin d'arrondissement, s'il est adopté, sauvera tout. Hélas ! que vous êtes bien toujours les mêmes, vous raccrochant sans cesse à une branche de

salut, aujourd'hui M. Thiers, hier le maréchal,
demain le scrutin d'arrondissement !

D'abord sera-t-il adopté, ce fameux scrutin
uninominal, qui en raison de la différence si
grande de population qui existe dans beaucoup de
nos arrondissements est vraiment critiquable, en
dehors même de toute considération politique ?
J'en doute beaucoup pour ma part. Vous avez
laissé arriver à la Chambre tant de soi-disant con-
servateurs-républicains-libéraux (que beaucoup
d'engagements obligent), qu'il est plus que douteux
que vos amis l'emportent sur ce point. La majorité
n'existe plus maintenant nulle part, sur certaines
questions, dans cette malheureuse Chambre pétrie
de bonnes intentions, mais qui n'a jamais voulu
nous entendre, nous autres royalistes, quand nous
lui disions, sur tous les tons, à Bordeaux, à Versailles, en 1871, en 1872, en 1873 : « Faites donc,
avant tout, une bonne loi électorale!... » On ne
nous croyait pas ; on nous traitait d'impatients, de
remuants (les gens qui avertissent sont toujours
des fâcheux). « Vous voulez donc nous faire faire
notre testament politique ? » nous disait-on.
En temps normal, ordinaire, avec un gouvernement régulier, admis, incontesté, il est évident
que le scrutin uninominal vaudrait mieux. Discu-
ter là-dessus serait perdre son temps. Tout le
monde est d'accord. Avec une République sans
partis, les républicains eux-mêmes en voudraient.
Mais, dans l'état actuel des choses , y aurait-il
vraiment un si grand intérêt à ce que le scrutin de
liste fût écarté? Admettons que cela soit. Je vais
vous dire encore pourquoi, même avec le scrutin
d'arrondissement, les élections seront mauvaises.

Vous manquerez de candidats. Cela vous étonne ?
Je m'explique. Je ne veux pas dire qu'il ne se

présentera pas une foule d'individualités qui aspireront à l'honneur du scrutin. Mais ces candidats-là ne seront pas sérieux, et n'auront pas surtout l'énergie ou la franchise nécessaires pour se placer résolument sur le terrain de la république *révisable*. Tous feront des concessions, parce que tous voudront se rendre *possibles*, avec tous les gouvernements qui pourront se succéder. Combien déjà trouve-t-on de « conservateurs » qui ne veulent plus même affronter les luttes municipales?... Se mettre en avant, se porter candidat, c'est tenter une lutte devant laquelle beaucoup reculent ! « On a tué son père, on a tué sa mère, on a commis tous les crimes », me disait un jour M. Chaix-d'Est-Ange, dont la politique n'était pas la mienne, mais qui n'avait certainement jamais tué personne. On ne se figure pas ce qu'il faut de force morale pour résister aux attaques injustes ou ridicules, aux appréciations malveillantes, aux calomnies ou aux médisances de vos amis ou de vos ennemis. C'est le combat le plus rude que l'on puisse avoir à supporter contre un adversaire qui se nomme : Légion. Combien peu, en 1876, en face de toutes les mauvaises passions alors déchaînées, voudront affronter ce combat ?

Seuls, les légitimistes et les radicaux — et sur quelques points de la France un très-petit nombre de bonapartistes — auront ce courage et se présenteront avec un drapeau qui signifiera quelque chose. Irez-vous à ces candidats, Messieurs les conservateurs ?... non ; — car sans parler des radicaux que vous éloignerez naturellement avec horreur, vous ne voudrez pas encore voter pour les légitimistes. Pourquoi ? c'est un mystère. Vous les louez, vous les admirez, vous les estimez individuellement, — et puis, lorsqu'il s'agit de les aider, de les appuyer, de les soutenir, tout ce beau feu s'en va en fumée.

Ils sont conservateurs plus que vous et mieux que vous, cependant. Tout ce que vous défendez, ils le défendent. Tout ce que vous revendiquez au point de vue moral, religieux, économique, ils le revendiquent ; n'importe, vous ne voulez pas d'eux. C'est un préjugé...

Encore une fois, dans cette situation, il ne vous restera que des candidats *à tout faire* — des « incolores » comme on dit aujourd'hui dans cette triste langue politique qui a cours et qui n'est plus même la langue française. Naturellement ils n'arriveront pas, et la nouvelle Assemblée qui se réunira à Versailles sera formée de représentants pour un tiers modérés (de toutes les nuances), et pour les deux autres tiers, républicains exaltés ou radicaux. Ce sera la contre-partie de Bordeaux.

Savez-vous à qui on remettra le pouvoir que sera forcé de délaisser le Maréchal, sinon le premier jour, du moins bientôt ? à M. Gambetta. Vous vous récriez ? Vous avez bien tort. Vous, les conservateurs, accepterez M. Gambetta. M. Gambetta deviendra votre protecteur, tout comme l'ont été M. Thiers et le général Cavaignac. Vous le verrez lutter à son tour contre la vraie Montagne — son ancienne queue — arrivée à la Chambre envers et malgré lui peut-être. Vous le soutiendrez, par suite de votre fatale maxime « que le moindre mal vaut mieux que le pire », et parce que vous ne voulez pas comprendre qu'en dehors des principes, on ne construit rien de stable. Vous serez encore des conservateurs ; seulement vous ne serez plus des conservateurs-libéraux-républicains, comme vous vous appeliez du temps de M. Thiers ;

vous serez des conservateurs-républicains — tout court ; et que conserverez-vous, grand Dieu !

Combien durera le nouveau pouvoir? C'est une question, un mystère aussi. Cela dépendra un peu de l'Europe et beaucoup des Prussiens. Je ne sais pas ce qu'on fera du Sénat et de la constitution Wallon, mais j'imagine qu'on mettra tout cela au panier. Une belle et bonne Convention, avec la constitution de 92 corrigée et augmentée, voilà ce qui paraît, pour moi, devoir nous attendre, et ensuite?... ensuite le déluge — si ce ne sont pas les Allemands !

Vous aurez été avertis, avertis dix fois, avertis cent fois, Messieurs les conservateurs; vous n'aurez pas voulu comprendre que la première condition, et la condition essentielle pour faire de l'ordre, c'est d'avoir un gouvernement basé sur des principes fixes, et *de savoir ce qu'on veut*. Ce gouvernement, la Providence vous le rendait. Vous n'en avez pas voulu. Vous vous êtes arrêtés devant une question de nuance du drapeau, — c'est du moins la raison que vous avez donnée et qu'on a exploitée, contre vos propres intérêts. Il ne vous reste plus alors qu'une chance : essayer de faire marcher un gouvernement de république qui n'aura de république que le nom. Essayez.

FIN

Imprimerie coopérative de Reims, rue Pluche, 24 (E. Gény, dir.).

www.ingramcontent.com/pod-product-compliance
Lightning Source LLC
Chambersburg PA
CBHW061556080726
47597CB00004BA/1338